LIESA RECHENBURG

DORT oben SEHE ICH EUCH wachsen

Heilkräuter aus den Bergen – finden und anwenden

Gedruckt nach der Richtlinie „Druckerzeugnisse" des Österreichischen Umweltzeichens. gugler* print, Melk, UWZ-Nr. 609, www.gugler.at

Löwenzahn-Bücher werden auf höchstem ökologischen Standard gedruckt, ausschließlich mit Substanzen, die wieder in den biologischen Kreislauf rückgeführt werden können. Cradle to Cradle™-zertifiziert by gugler*, klimapositiv, auf Papier, das in Österreich produziert wurde, und ohne Plastikfolie, die dein Lieblingsbuch unnötig einhüllt – für unsere Umwelt und unsere Zukunft.

© 2019 by Löwenzahn in der Studienverlag Ges.m.b.H., Erlerstraße 10, A-6020 Innsbruck
E-MAIL: loewenzahn@studienverlag.at
INTERNET: www.loewenzahn.at

BUCHGESTALTUNG SOWIE GRAFISCHE UMSETZUNG: Marion Schreiber, www.marionschreiber.de

UMSCHLAGGESTALTUNG: Tina Radulovic, Atelier für Design & Kommunikation

FOTOGRAFIEN
alle von Liesa Rechenburg bis auf:
Markus Tollhopf: S. 11 links

BIBLIOGRAFISCHE INFORMATION DER DEUTSCHEN BIBLIOTHEK
Die Deutsche Bibliothek verzeichnet diese Publikation in der Deutschen Nationalbibliografie; detaillierte bibliografische Daten sind im Internet über <http://dnb.dnb.de> abrufbar.

ISBN 978-3-7066-2636-1

Alle Rechte vorbehalten. Kein Teil des Werkes darf in irgendeiner Form (Druck, Fotokopie, Mikrofilm oder in einem anderen Verfahren) ohne schriftliche Genehmigung des Verlages reproduziert oder unter Verwendung elektronischer Systeme verarbeitet, vervielfältigt oder verbreitet werden.

Trotz sehr genauer Recherche können sich Fehler eingeschlichen haben. Die Autorin hat die in diesem Buch enthaltenen Angaben und Empfehlungen mit größter Sorgfalt erstellt und geprüft. Eine Garantie für die Richtigkeit der Angaben kann aber nicht gegeben werden. Autorin und Verlag übernehmen keinerlei Haftung für Schäden und Unfälle.

Inhaltsverzeichnis

Pflanzen und Sträucher:

Arnika 5
Beifuß 7
Wermut 8
Beinwell 9
Brennnessel 10
Engelwurz 11
Frauenmantel 12
Gänsefingerkraut 13
Gelber Enzian 14
Holunder, Schwarzer 17
Isländisch Moos 19
Johanniskraut 20
Kamille 21
Königskerze 23
Kümmel 24
Löwenzahn 25
Mädesüß 27
Malve, Käsepappel 29
Meisterwurz 30
Quendel 31
Schafgarbe 33
Wegerich 34
Wildrose 35

Bäume:

Fichte 37
Lärche 38
Kiefer, Latsche, Bergkiefer 39
Wacholder 40

Wildbeeren:

Berberitzen 42
Heidelbeeren 43
Preiselbeeren 44
Johannisbeeren, Schwarze 45
Vogelbeeren 46
Walderdbeeren 47

Pflanzen und Sträucher

Arnika

Arnika wächst auf saurem Milieu, trockenen Matten, auf Moor- oder mageren, auch sandigen Bergwiesen in Höhen von 800 bis 2500 m Seehöhe. Sie kann 20 bis 60 cm groß werden.

ZUR BESTIMMUNG

Blüte: orange-gelbes Körbchen mit Zungen- und Röhrenblüten; Zungenblüten haben 3 Zacken und 5 bis 12 sichtbare Nerven

Blatt: eiförmig-lanzettlich, gegenständig am Stängel, Grundblätter als Blattrosette, vier- bis siebennervige Blätter; Blattnerven laufen vom Blattansatz bis zur -spitze durchgehend

Stängel: fein behaart, aufrechtstehend, 20 bis 60 cm, allenfalls mit 1, höchstens 2 gegenständigen, ungestielten Blattansätzen

Typisch: zerzaustes Blütenköpfchen, endständig

VERWECHSLER

Weidenblättriges Ochsenauge und Margeriten, Gämswurz-Greiskraut (= wollig behaarte, fast filzige Blätter und Stängel, Blätter am Stängel wechselständig)

WICHTIG

Arnika zählt zu den besonders geschützten Pflanzen und darf in der Natur unter keinen Umständen geerntet werden. Wir beziehen die Blüten in der Apotheke.

Gewöhnlicher Beifuß

Beifuß kommt in der freien Natur häufig vor. Die mehrjährige krautige Staude wird bis zu 200 cm hoch. Sie bevorzugt Feld- und Wegränder, Brachflächen oder Schutthalden.

ZUR BESTIMMUNG

Blüte: gelbe bis rötlich-braune Röhrenblüten

Blatt: einfach bis dreifach fiederteilig, evtl. lanzettlich, ganzrandig und gezähnt; oben dunkelgrün, unten grausilbrig und behaart

Stängel: kantig, grün bis rotviolett

Typisch: fein würziger Geruch; Pflanze macht einen aufrechten und stabilen Eindruck am Rand von Feld und Wald

VERWECHSLER

Beifuß-Ambrosia Blätter: beidseitig grün, unten gegenständig, oben wechselständig; Blüten und Samen: in Trauben angeordnet, ohne Blätter; Stängel: grün, abstehend behaart. Vorsicht: kann heftige Pollenallergien auslösen.

WICHTIG

Wenn die Knospen noch grün oder die Blüten gerade in den Fruchtstand übergehen, ist der richtige Erntezeitpunkt für Stängel, Blätter, Blüte.

Wermut

Wermut ist an öden Plätzen und trockenen Felssteppen, Wein- oder Steinhängen, möglichst in der Sonne, zu finden.

ZUR BESTIMMUNG

Blüte: gelb, in einem runden Blütenkörbchen

Blatt: silbergrau und filzig behaart

Stängel: gerillt, silbergrau, filzig

Wurzel: aus dem teilweise verholzten Wurzelstock kommen aufrechte, bis 120 cm lange Triebe

Samen: silbergrau, filzig

Typisch: intensiv aromatischer Geruch, sehr bitter im Geschmack

VERWECHSLER

Beifuß und Wermut sind sich sehr ähnlich, wobei Wermut häufig als „giftig" eingestuft wird. Das ist auf die bekannten Nebenwirkungen der Bitterstoffe zurückzuführen bzw. auf die Folgen von zu viel oder Dauerkonsum.

Gewöhnlicher Beinwell

Man findet ihn bis in 1500 m Seehöhe an feuchten Wiesen, Wegrändern, Bachufern und in Bruchwäldern. Beinwell ist etwas rau und borstig behaart.

ZUR BESTIMMUNG

Blüte: weißlich-gelb oder rot bis blau-violett; Blüten hängen nach unten

Blatt: lanzettlich, untere gestielt

Stängel: steif, hohl, mit Kieselsäurehaare, bis zu 150 cm

Wurzel: Pfahlwurzel, außen schwarz, innen weiß und schleimig

Typisch: tiefer Blütenschlund lässt nur langrüsselige Bienen an den Nektar; Raublattgewächs

GIFTIGE VERWECHSLER

Fingerhut – verwechselbar sind die Blätter, wenn es noch keine Blüten gibt, aber Blätter des Fingerhuts sind samtig-weich, nicht rau.
Nicht giftig: Andere Raublattgewächse.

WICHTIG

Beinwell nicht auf offene Wunden geben oder bei Hautkrankheiten verwenden, nicht bei Schwangeren und bei Kindern unter 2 Jahren.

Brennnessel

Die Brennnessel ist bis auf 2500 m Seehöhe zu finden und kann eine Höhe von bis zu 200 cm erreichen. Sie liebt feuchte Wälder, Uferböschungen, frische bis feuchte, nährstoffreiche, meist tiefgründige Lehm- und Tonböden.

ZUR BESTIMMUNG

Blüte: weiße männliche und grüne weibliche
Blatt: ei- bis herzförmig, gesägt, behaart; satt grün in der Farbe
Stängel: vierkantig mit gegenständigen Blattachsen
Wurzel: tiefgehend und verzweigt
Typisch: gesamte Pflanze ist behaart; sie tritt immer in Gruppen auf stickstoffreichen Böden auf

VERWECHSLER

Es gibt die Große Brennnessel und die Kleine, die auch die Nährstoffe der großen Schwester hat, sowie die Taubnessel. Alle sind essbar.

Engelwurz

Engelwurz ist eine Gartenpflanze, Wald-Engelwurz eine Wildpflanze. Die Heilpflanze aus dem Kräutergarten gilt als die wirkstoffreichere.

ZUR BESTIMMUNG DER WALD-ENGELWURZ

Blüte: große Doppel-Dolde (Durchmesser bis 20 cm), viele bis einige Strahlen, lang und flaumig behaart, flach bis halbrund, zum Rand hin mit längeren Strahlen (alle bekommen Sonne ab), Insekten anziehend (weiß bis rosa/rötlich)

Blatt: dunkelgrün, breit eiförmig, gesägter Rand, rote Ringe an der Blattunterseite am Ansatz jedes Fiederblattes

Stängel: hohl, rund, fein gerillt, meist bereift, weiß oder rötlich

Wurzel: pfahlförmig, dünn, würzig-scharf

GIFTIGE VERWECHSLER

Kälberkropf, Riesen-Bärenklau, Schierling, Hundspetersilie, je nach Umgebung andere Doldenblütler.

Frauenmantel, Silbermantel

Frauenmantel ist eine ausdauernde krautige Pflanze, die sich in Gebüschen und lichten Wäldern, sowie auf Wiesen und an Wegen wohlfühlt. Sie mag es sonnig, feucht und breitet sich flächig aus, so dass sie wie ein Teppich erscheint.

ZUR BESTIMMUNG

Blüte: gelblich-grün, 4 innere und 4 äußere gelbe Blütensternchen, 4 Staubblätter

Blatt: Blatt mit Fächern, Umriss kreis- bis nierenförmig, gezähnt; Unterseite behaart; mantelartiges, gefächertes Blatt

Stängel: lange Blattstängel, Blütenstängel mit Blättern sitzend, behaart

Typisch: Guttations-Tropfen auf den winzig kleinen Spitzen an den Blatträndern, die zu einem dicken Tropfen in der Blattmitte laufen

VERWECHSLER

Höchstens andere Frauenmantelarten, die alle nicht giftig sind.

Gänsefingerkraut

Gänsefingerkraut ist eine mehrjährige, niedrig kriechende und trittfeste Pflanze. Sie liebt feuchten, tonigen Boden in Gräben, auf Wiesen, an Wegrändern oder auch auf Ödland.

ZUR BESTIMMUNG

Blüte: Mai bis September mit 5 gelben Blüten- und 5 Kelchblättern, endständig

Blatt: gegenständig, unterbrochen vielpaarig gefiedert, scharf gesägt, oberseits kahl, unterseits silbrig schimmernd und behaart; unterschiedlich lange Fieder, kleine Seitenblätter

Blütenstängel: lang, ohne Blatt, aus Blattachsen der Bewurzelung kommend

Typisch: teppichartige Verbreitung

VERWECHSLER

Giftig: Kriechender Hahnenfuß mit dreiteiligen Blättern, unterseits grün. Als leicht giftig gilt der Große Odermennig, mit senkrechtem Blütenstängel, Blätter unterseits grün.
Nicht giftig: Kleiner Odermennig mit vergleichbarer Grundrosette, jedoch mit grüner Blatt-Unterseite.

Gelber Enzian, Getüpfelter Enzian

Der Gelbe Enzian wird bis zu 150 cm hoch und wächst vorzugsweise auf Kalkböden bis zu 2800 m Seehöhe. Der Getüpfelte hingegen bevorzugt kalkarme Böden und ist etwas kleiner im Wuchs. Beide findet man nur auf ungedüngten Bergwiesen.

> **ZUR BESTIMMUNG DES GELBE ENZIAN**
>
> **Blüte:** gelb, bis zum Grund 5- bis 6-zipfelig (in der Regel); als Scheinquirl in zwei gegenständigen Blättern sitzend (Blattschale)
>
> **Blatt:** gegenständig, bis 30 cm lang und 15 cm breit, breit-lanzettlich, ungeteilt, ganzrandig, blau-grün mit deutlichen Blattnerven; obere Blätter gebogen
>
> **Stängel:** rund, hohl, unverzweigt, bis 150 cm hoch
>
> **Wurzel:** stabile, dicke Wurzel bis 100 cm lang und 6 cm dick
>
> **Typisch:** bitterste Wurzel, die wir in Europa kennen, altes Heilmittel

Die Blüten des Getüpfelten Enzian haben eine hellgelbe Blütenkrone, die dunkel punktiert ist. Der Kelch ist nur bis zur Mitte hin 5- bis 8-teilig eingeschnitten. Beim Tüpfel-Enzian zählen wir nur bis zu 3 Blüten, die sich später zu einem Trichter öffnen.

VERWECHSLER

Giftig: Gemeiner Germer (Weißer und Grünlicher Germer) mit wechselständig angeordneten Blättern. Beim Gelben und Getüpfelten Enzian wachsen sie kreuzgegenständig.

WICHTIG

Der Gelbe und der Getüpfelte Enzian sind streng geschützt.

Schwarzer Holunder

Der bis zu 10 m hoch werdende Strauch oder Baum wächst in Laubwäldern, Hecken, Gebüschen oder an Bachufern. Er sucht die Nähe zum Menschen an Häusern und Scheunen.

ZUR BESTIMMUNG

Blüte: weiß-gelblich, Trugdolde, fast tellerartig gen Himmel gerichtet

Blatt: gegenständig, unpaarig gefiedert, 5 bis 7 elliptisch zugespitzte, hellgrüne Fiederblättchen mit gesägtem Rand

Früchte: dunkelviolette bis schwarze Beeren

Äste: weiches, weißes Mark

Typisch: in der Blütezeit ragen die weißen Dolden in den Himmel, sie wollen zur Sonne; im Herbst zeigen die Dolden voll mit Früchten zur Erde

VERWECHSLER

Roter Holunder trägt Früchte in leuchtend roten Trauben. Seine Früchte sind bis auf die Kerne essbar. Alles andere ist wie beim Schwarzen nicht genießbar.

Giftig: Zwergholunder, kleiner, in allen Teilen giftig, sehr unangenehmer Geruch, aufrechtstehende Zweige.

Isländisch Moos

Man findet Isländisch Moos im Flachland ebenso wie im Gebirge bis 2500 m Seehöhe. Es liebt Heidelandschaft und sonnige, trockene Wälder.

ZUR BESTIMMUNG

Bodendecker in Heidegegenden, Zwergstrauchheiden, lichten Wäldern; geweihähnliche, am Rande bewimperte, olivgrüne bis braune mit weißen Flecken versehene Lappen.

VERWECHSLER

Ungenießbar: andere Flechten, die eine andere Farbe und Form haben.

WICHTIG

Die Flechte hat an feuchten Herbsttagen mehr Inhaltsstoffe als bei trockenem Wetter.

Johanniskraut

Diese mehrjährige krautige Pflanze wird 30 bis 100 cm hoch und wächst mit ausdauernden Ausläufern zu allen Seiten. Man findet sie an Weg- und Feldrändern, Dämmen, an Sonnenrainen, in lichten Wäldern und Gebüschen, sowie in Bergmatten.

ZUR BESTIMMUNG

Blüte: 5 gelbe Blütenblätter, abgeschrägt mit dunkelroten Punkten; mit bis zu 100 Staubgefäßen

Blatt: gegenständig, ohne Stiel, ellipsen- bis eiförmig mit kleinen durchsichtigen Punkten (Öldrüsen)

Stängel: zweikantig, grün; nach oben hin stark verzweigend

Typisch: die einzelne Blüte strahlt wie die Sonne selbst

VERWECHSLER

Keine, wenn man Merkmale berücksichtigt: 1. zweikantiger Stängel 2. kleine durchsichtige Punkte auf den Blättern 3. kleine dunkle Punkte auf den Blütenblättern.

WICHTIG

Wichtig ist, dass die Blüten voll geöffnet sind, nur dann ist der Hypericin-Gehalt am höchsten, Ernte Mitte Juni optimal.

Kamille

Kamillenblüten lachen einen an jedem Feld- oder Waldrand, auf Wegen oder auch mitten in Getreidefeldern an.

ZUR BESTIMMUNG

Blüte: zahlreiche, endständige, einzeln stehende, lang gestielte Blütenköpfchen, Durchmesser bis 3 cm; halbkugelige Hülle, zahlreiche grüne Hüllblätter; Blütenkörbchen mit ca. 15 weißen Zungenblüte

Blatt: zunächst Blattrosette, weitere Blätter wachsen aus den Seitenästen; 4-7 cm lang, 2- bis 3-fach gefiedert; Fiederblättchen duften nicht

Stängel: aufrechter, im oberen Teil stark verzweigter, runder, kahler Stängel, aus dem Seitenäste wachsen

VERWECHSLER

Blütenboden anderer Kamillenarten sind nicht hohl und der typische Duft fehlt, z.B.: Acker-Hundskamille.

Königskerze

Die zweijährige Pflanze ist filzig behaart und im ersten Jahr als große grauweiße Rosette mit lang elliptischen Blättern zu sehen. Sie wächst an steinigen Hängen, Wiesen- und Feldrändern, auf Schutthängen, am liebsten hat sie es sonnig und trocken.

ZUR BESTIMMUNG

Blüte: 5 gelbe Blütenblätter, 5 Staubfäden, davon zwei länger und kahl, 3 kürzer und behaart

Blatt: Blätter beidseitig filzig behaart, gegenständig, Blattgrund am Stängel herablaufend

Stängel: aufrecht oder vereinzelt verzweigt

Typisch: solitäre Stellung in Feld und Flur

VERWECHSLER

Nicht giftig: andere Arten von Königskerzen, diese haben aber nicht dieselben Wirkstoffe.

Kümmel

Wiesen-Kümmel wächst an Wegrändern, auf Fettwiesen und -weiden, auf nährstoff- und basenreichen Böden in kühlen Lagen, oft auch auf Kalkböden. Er ist vor allem im Gebirge bis 2200 m Seehöhe verbreitet und wird 30 bis 80 cm hoch.

ZUR BESTIMMUNG

Blüte: kleine weiße Blüte, im Gebirge auch rosa-rot, Doppeldolde

Blätter: im Frühling in grundständiger Blattrosette stehend, doppelt bis dreifach gefiedert; unterste Fieder 2. Ordnung kreuzweise

Stängel: kahler, aufrechter, gefurchter und verästelter Stängel im 2. Jahr

Wurzel: Pfahlwurzel, spindelartig

Früchte: Doppelachänen mit sichelförmigem Aussehen, sehr aromatisch

Typisch: Kümmelgeruch, am stärksten in den Früchten

VERWECHSLER

Giftig sind Wasserschierling und Hundspetersilie, **essbar** dagegen Koriander, Wilde Möhre und Kerbel.

Löwenzahn

Löwenzahn wächst überall in der gemäßigten Zone, auf Wiesen, an Wegrändern, in Mauerspalten.

ZUR BESTIMMUNG

Blüte: gelb mit vielen gelben Zungenblüten mit 5 Zipfeln

Blätter: wachsen aus grundständiger Rosette; mehr oder weniger gezähnt, eilanzettlich, Milchsaft; nicht behaart

Blütenstängel: rund, hohl, voller Milchsaft, „Gallebitter"

Wurzel: Pfahlwurzel, viel Milchsaft, im Frühjahr bitterstoff-, im Herbst inulinhaltig

Samen: Pusteblume mit vielen Samenschirmchen

Typisch: Löwenzahn wächst das ganze Jahr, alle Pflanzenteile (bis auf die Blütenblätter) enthalten den weißen Milchsaft.

VERWECHSLER

Im Sommer und Herbst vor allem Wiesenpippau, Herbstlöwenzahn, Wiesenbocksbart, Wiesenferkelkraut oder Habichtskräuter.

WICHTIG FÜR BESTIMMUNG

Löwenzahn ist nicht behaart, hat am Blütenstiel keine Blattansätze und überall Milchsaft, außer in den Blütenblättern.

Echtes Mädesüß, Spierstaude

Das Echte Mädesüß wächst auf Feuchtwiesen, an Ufergebüschen, in Auenwäldern und Gräben. Die Wurzeln versorgen die Pflanze so reichlich mit Wasser, dass sich auch die Blüten manchmal feucht anfühlen.

ZUR BESTIMMUNG

Blüte: an einer Rispe sind zahlreiche, weiße, nach Mandeln duftende Blüten angesiedelt, 5 Blütenblätter, zahlreiche Staubblätter

Blatt: wechselständig, endständige Fieder mit Nebenblättern, gesägt, unterseits weiß gefilzt, oben dunkelgrün und kahl

Stängel: aufrecht, ca. 150 cm lang, rot anlaufend, kantig

Typisch: in Feuchtbeständen, von weitem weiß leuchtend, mandelartiger Duft der Blüten

VERWECHSLER

Das ungiftige Kleine Mädesüß ist durch bis zu 20 Fiederpaare an den Blättern eindeutig zu unterscheiden und wächst nur an trockenen Standorten.

WICHTIG

Vorsicht bei Überdosierung kommt es zu Magenbeschwerden und Übelkeit.

Wilde Malve, Große Käsepappel

Die Malve wächst an Wegen und auf Schuttplätzen. Sie wird bis 150 cm hoch.

ZUR BESTIMMUNG

Blüte: weiß bis rosa, lila, 5 Blütenblätter mit verwachsenen Staubblättern, Griffel und Fruchtknoten

Blatt: mit langem Stiel, handnervig, 3- bis 7-lappig, am Rand abgerundet und gekerbt, weich behaart

Stängel: rauhaarig

Wurzel: spindelförmige Pfahlwurzel

Samen: vielsamige Kapsel

Typisch: die gesamte Pflanze hat keinen, einige Teile haben eher einen negativen Geruch

VERWECHSLER

Eibisch zählt ebenso wie die Malve zu den alten Heilpflanzen. Neben Eibisch, auch Stockrose und andere Malvenarten, alle nicht giftig.

Meisterwurz

Die krautige Meisterwurz mit ihren häufig überdimensional langen Blattstängeln findet man immer in Gruppen. Sie schmiegt sich gerne an Felsen, im Krummholz oder auf feuchten Schutthalden, im Bachbett oder an steile Hänge und in Hochstaudenfluren an.

ZUR BESTIMMUNG

Pflanze: liebt kalk- und silikathaltige Halden, Hänge, Fluren, Bachhänge, zwischen 1500 und 2200 m Seehöhe, 30-100 cm hoch

Blüte: weiß bis rosa, 5 Blütenblätter, Dolde mit bis zu 60 Strahlen, keine Hüllblätter, wenige Hüllchenblätter, Döldchen sind innerseits rauflaumig behaart

Blatt: grasgrün, glänzend, dreigeteilt, gestielt, untere können doppelt dreigeteilt sein, gezackt, ein oder zwei Mal tief eingekerbt, eiförmig; Blattstängel grün, eingekerbt

Blütenstängel: aus einer Blattscheide mit einem ungestielten Blatt kommend, grün, gerillt, hohl

Wurzel: braun, dicke erste Rhizome gerillt, dann glatt und unterschiedlich dick

Samen: zunächst grün, dann braun, rundlich, flach, geflügelt

Typisch: aromatisch würziger Duft von Blättern, Stängeln, Samen und Wurzeln

VERWECHSLER

Giftig sind Schierling, Wasserschierling, Hundspetersilie, Kälberkropf, dagegen **essbar** sind Engelwurz, Bibernelle, Wiesenkümmel, Wiesenkerbel, Anis und Fenchel.

Quendel

Quendel ist ein kriechender Halbstrauch, d. h. nur die unteren Stängelteile sind verholzt. Er wird 5 bis 30 cm hoch und wächst bis auf Höhen von über 2500 m Seehöhe.

ZUR BESTIMMUNG

Blüte: rosarot-violette Lippenblüte
Blatt: ellipsen- bis eiförmig, gegenständig
Stängel: vierkantig, an den Kanten behaart, rötlich
Samen: Klausen, wie es für Lippenblütler typisch ist
Typisch: ätherisches Öl mit dem charakteristischen Duft

VERWECHSLER

Gibt es keine, der typische Geruch macht ihn unverwechselbar.

WICHTIG

Quendel ist die Wildform des Thymians.

Schafgarbe

Wiesenschafgarbe wird bis zu 80 cm hoch und mag es sonnig und trocken. Man findet sie an Wegrändern, auf Wiesen, Schuttplätzen und Feldrainen.

ZUR BESTIMMUNG

Blüte: weiß bis rosa, als Trugdolde
Blatt: wechselständig, lanzettlich und mehrfach fiederschnittig
Stängel: fest, gerillt, behaart
Wurzel: weit verzweigt mit langen waagerechten Ausläufern
Typisch: der würzige Duft

VERWECHSLER

Viele weitere Schafgarbenarten sind bekannt. Sie haben bis auf die Wiesen- und die Moschus-Schafgarbe nicht die bekannten Inhaltsstoffe, Wirkungen und Aromen.

WICHTIG FÜR EINDEUTIGE BESTIMMUNG

Wenn man ein Blättchen zerreibt, kommt ein würziger, sehr aromatischer Duft mit einer etwas herben Note. Außerdem hat sie nur eine Scheindolde im Gegensatz zu den weißen Doldenblütlern.

Wegerich

Eine krautige Pflanze, mehrjährig, die bis zu 20 bis 50 cm hoch wird. Wir finden sie in Wiesen, auf Schuttplätzen, an Wegrändern.

ZUR BESTIMMUNG DES SPITZWEGERICH

Blüte: viele Blüten stehen in einem Blütenstand zusammen

Blatt: Blattrosette schmallanzettlich, 3- bis 7-nervig, vom Blattansatz bis zum Ende durchgehend, wenig behaart, am Rand nur vereinzelt mit kurzen Zähnen; 20 bis 40 cm lang

Stängel: aufrecht, blattlos, 10 bis 40 cm lang, Längsfurchen

Frucht: Kapsel

VERWECHSLER

Am bekanntesten sind Spitz-, Breit- und Mittelwegerich. Mittelwegerich ist die Schönheit unter den dreien, hat jedoch keine Heilwirkung.

Wildrose, Hundsrose

Die Heckenrose wächst an Feldrainen, Wiesen- und Waldrändern, in lichten Wäldern und Hecken. Sie liebt Wind und Sonne, mäßig trockenen, basischen, tiefgründigen Lehmboden. Man sieht sie von 1400 m Seehöhe aufwärts bis 2000 m.

ZUR BESTIMMUNG

Blüte: weiß mit rosa, 5 Blütenblätter mit vielen Staubblättern
Blatt: Fieder 3- bis 9-zählig, gesägt
Zweige: unten verholzt, dann grün mit Stacheln
Früchte: Hagebutten, rote Scheinfrüchte
Typisch: ein wunderbarer Duft

VERWECHSLER

Keine, denn die Stacheln, die Blüten und schließlich die Hagebutten sind bis in den Winter hinein deutliches Kennzeichen der Wildrosen.

WICHTIG

Blüten erntet man vor 10 Uhr und nur die voll erblühten Exemplare, denn mit der Sonne verlieren sie auch ihren Duft.

Die Kraft der Bäume

Fichte

Fichten werden 60 bis 70 Meter groß und bis zu 600 Jahre alt. In Deutschland und Österreich ist die Fichte der am meisten verbreitete Nadelbaum. Bis zu einer Höhe von 2000 m ist sie im Gebirge anzutreffen und braucht etwa 30 Jahre, bis sie zum ersten Mal blüht. Die Blätter, die man wegen ihrer Form Nadeln nennt, sind spitz und zeigen eine Rinne auf der Unterseite. Sie sitzen bei der Fichte auf einem winzigen, verholzten Stielchen, bei der Tanne sitzen sie direkt auf dem Zweig.

VERWECHSLER

Tanne und die giftige Eibe

Lärche

Die Lärche liebt das unwegsame Gelände, wo sich die Gletscher zurückgezogen oder Muren Schutt und Steine hinterlassen haben. An sonnigen Hängen, wo keine Fichten mehr wachsen und sich die Latschenkiefern breit gemacht haben, sind ihre Lieblingsplätze. Hier übernimmt die Lärche auf 1800 m Seehöhe und mehr die Absicherung der Berghänge. Kalk-, Quarz- oder auch Silikatgestein kommen der Lärche gerade recht. Hauptsache es ist sonnig, deshalb findet man auf den Südhängen immer mehr Lärchen als auf den Nordhängen. Sie wirft ihre Nadeln im Herbst ab, um im Frühjahr mit der weiblichen roten und der männlichen rötlichgelben Blüte wieder neue Nadeln zu entwickeln.

Kiefer, Latsche, Bergkiefer

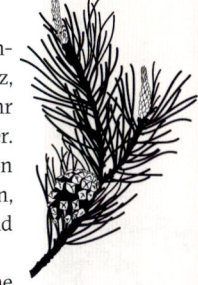

Die Nadeln wachsen bei der Bergkiefer paarweise und bei anderen Kieferarten zu 2, 3 oder 5 (Zirbe) aus einem Blattansatz, sie werden bis zu 5 cm lang. Kein anderer Baum ist so sehr widernatürlichem Wetter ausgesetzt wie die Latschenkiefer. Würde sie sich aufrichten, wäre sie ein stattlicher Baum von 6 bis 8 m. Dort, wo kein anderer Baum mehr existieren kann, hält sie die Berghänge zusammen, auch bei Dauerregen und Lawinenabgängen.

Eine weitere Kiefernart ist die Zirbe, bis zu einer Höhe von 2500 m gibt sie den Ton an. Zwischendurch duldet sie die Lärche. Denn diese wirft ihre Nadeln im Herbst ab und legt damit die Grundlage für neuen Humus und für die Verbesserung des kargen Bodens.

> **WICHTIG**
>
> Die Zirbe steht unter Naturschutz. Damit ist es tabu, kostbare Produkte wie das Zirbenharz, -schnaps oder -wasser selbst herzustellen.

Wacholder

Wacholder liebt sonnige Magerweiden, Heiden, Felsgebüsch mit milden bis saurem Boden bis auf 2400 m Seehöhe. Ab 2800 m Seehöhe findet man den Zwergwacholder.

Die blaugrünen Blätter sind nadelförmig, stechend, etwa 2 cm lang, mit oberseitig bläulich-weißen Mittelrinnen. Die scharfen Spitzen sollen vor Fressfeinden schützen. Nadeln sitzen mit Gelenk am Zweig in 3-zähligen Wirteln, selten in 4-zähligen. Typisch ist der auffallend aromatische Duft.

> **WICHTIG**
>
> Wacholder ist geschützt. Geerntet werden dürfen nur die schwarzblauen Beeren.

Wildbeeren

Gewöhnliche Berberitzen

Der dornige Strauch wird bis zu 4 m hoch. Junge braunrote Zweige werden später grau. Blätter sind büschelig, quirlständig und teilweise in mehrdornige Kurztriebe umgebildet. Aus den Blattachseln kommen gelbe wunderschöne Blütentrauben. Die Dornen erschweren die Ernte der roten länglichen Beeren. Am besten zieht man Handschuhe an und streift die Beeren nach unten zum Anfang des Zweiges ab.

> **WICHTIG**
>
> Da die Berberitze bis auf die Früchte als giftig eingestuft wird, erntet man nur die Beeren.

Heidelbeeren

Der kleine, sommergrüne Halbstrauch wird bis zu 50 cm hoch und wächst gerne etwas schattig im lichten Unterholz und an Waldrändern. Seine wechselständigen Blätter sind kurz gestielt, eiförmig und leicht gesägt. In den Blattachseln wachsen ein oder zwei kleine hellgrün-rote oder weiße Blüten. Die schwarzen Beeren läuten im Juli bzw. August die Wildbeerenernte ein. Sie sind matt bis glänzend im Vergleich zu den Alpen-Rauschbeeren, die immer matt wie beschichtet wirken. Rauschbeeren sind innen weißlich.

Preiselbeeren

Preiselbeeren finden wir in trockenen, sauren Nadelwäldern, in Hochmooren oder auch in Zwergstrauchheiden. Die kleinen roten Beeren begegnen uns bis 2400 m Seehöhe. Der bis zu 10 cm hohe Zwergstrauch hat ledrige, wechselständige, auf der Unterseite gepunktete Blättchen mit deutlich sichtbaren Blattnerven. Der Blattstiel ist flaumig behaart. Kleine weiße Blüten sind in Trauben zusammengefasst und sind weiß, selten rosa. Preiselbeerfrüchte zeigen die Spuren des vierblättrigen Kelchs. Im Unterschied zu den Früchten der Beerentraube mit nur einem Stielchen.

Schwarze Johannisbeeren

Der 1 bis 2 m hohe Strauch hat einen charakteristischen Geruch und drei- bis fünflappige, herzförmige Blätter, die doppelt gesägt sind. Der Geruch entströmt den Öldrüsen, die sich auf der Unterseite der Blätter befinden. Blüten und demzufolge auch die Früchte sind in Trauben angeordnet. Die unscheinbaren innen gelblich-grünen Blüten werden zum Rand hin bräunlich. Die reifen tiefschwarzen Beeren haben eine relativ feste Schale.

Vogelbeeren oder Eberesche

Der Vogelbeerbaum kann eine stattliche Höhe von bis zu 15 m erreichen. Seine feinduftende weiße Doldenblüte ist eine willkommene Abwechslung für Insekten. Ende des Sommers werden die Beeren kräftig rot geerntet. Wer den Rat befolgt, abzuwarten bis es den ersten Frost gegeben hat, wird nur noch kahle Bäume vorfinden, denn auch Vögel lieben diese Powerfrüchte.

Walderdbeeren

Die Walderdbeere zählt zu den Rosettenstauden, die mit einer Höhe von 10 bis 20 cm reichlich Ausläufer bildet. So sehen wir manchmal ganze Gebiete mit diesem Rosengewächs. Die langgestielten, 3-zähligen Blätter sind grob gesägt, oben hellgrün und die 5 Blütenblätter sind weiß. Verwechsler gibt es keine, wenn man genau hinschaut.

Denn wir haben von Ursel Bühring gelernt: Schau hin, aber schau genau hin!

Pflück DIR DEIN Wohlbefinden IN DER NATUR

Dein Pflanzenbestimmungsbooklet zum Mitnehmen in die Natur und auf Wanderungen. Also: Tief durchatmen, nach wilden Kräutern Ausschau halten und dabei ganz einfach zur Ruhe kommen.

Weitere spannende Garten- und Naturbücher für Biogärtnerinnen und bewusste Genießer, Selbstversorgerinnen und Küchengärtner, Balkonbegrünerinnen und Urban Gardener sowie unser vollständiges Verlagsprogramm findest du auf: www.loewenzahn.at

Dein Booklet wurde klimapositiv hergestellt cradle-to-cradle gedruckt und bleibt plastikfrei unverpackt.